A Modernização da Imprensa

Alzira Alves de Abreu

A Modernização da Imprensa
(1970-2000)

Jorge Zahar Editor
Rio de Janeiro

Copyright © 2002, Alzira Alves de Abreu

Copyright © 2002 desta edição:
Jorge Zahar Editor Ltda.
rua México 31 sobreloja
20031-144 Rio de Janeiro, RJ
tel.: (21) 2240-0226 / fax: (21) 2262-5123
e-mail: jze@zahar.com.br
site: www.zahar.com.br

Todos os direitos reservados.
A reprodução não-autorizada desta publicação, no todo
ou em parte, constitui violação de direitos autorais. (Lei 9.610/98)

Edição de texto: Dora Rocha

Capa: Sérgio Campante

Composição eletrônica: TopTextos Edições Gráficas Ltda.
Impressão: Cromosete Gráfica e Editora

CIP-Brasil. Catalogação-na-fonte
Sindicato Nacional dos Editores de Livros, RJ.

Abreu, Alzira Alves de
A145m   A modernização da imprensa, (1970-2000) / Alzira Alves de Abreu. — Rio de Janeiro: Jorge Zahar Ed., 2002
(Descobrindo o Brasil)

Inclui bibliografia
ISBN 85-7110-685-1

1. Imprensa – Brasil – História. 2. Imprensa e política – Brasil. 3. Jornalismo – Aspectos políticos – Brasil. I. Título. II. Série.

02-1521   CDD 079.81
                                             CDU 070(81)

Sumário

Introdução 7

Breve passeio pelos anos 50 8

A imprensa e o regime militar 13

A imprensa e a abertura 23

O novo jornalismo 28

O novo jornalista 37

O jornalismo-cidadão 44

O jornalismo investigativo e o denuncismo 48

A internet: um novo desafio 55

Cronologia 58

Referências e fontes 61

Sugestões de leitura 63

Sobre a autora 66

Introdução

Nas três últimas décadas do século XX, transformações de grande envergadura ocorreram na imprensa brasileira. Foram feitos vultosos investimentos em equipamentos, novas técnicas foram introduzidas, a estrutura das empresas, assim como sua gestão administrativa, mudou, houve uma grande concentração dos veículos de comunicação e, por outro lado, um grande alargamento e diversificação do público consumidor, que hoje tem dimensão nacional. Evidentemente, esse movimento de modernização se refletiu na própria atividade jornalística e no perfil do profissional da imprensa.

Tudo isso se passou em meio a um processo de transição política, que conduziu o país da ditadura à democracia. Os jornalistas, a partir de 1964, tiveram de trabalhar sob um regime militar autoritário que reprimia as atividades políticas, impedia a manifestação de idéias contrárias ao governo e censurava os meios de comunicação. A abertura política, iniciada no governo Geisel (1974-1979) e levada adiante no governo

Figueiredo (1979-1985), alterou lentamente esse quadro. Com a escolha do primeiro presidente civil, em 1985, e a promulgação de uma nova Constituição, em 1988, a imprensa voltou a trabalhar em liberdade, enquanto o país recuperava o direito de viver em regime democrático.

Para entender a seqüência de transformações que teve lugar na imprensa brasileira ao longo desse período e explicar os momentos mais significativos da mudança, é importante, sem dúvida, examinar o contexto político e econômico da época. Mas, antes, é fundamental voltar o olhar para as décadas de 1950 e 1960.

Breve passeio pelos anos 50

Até os anos 50, eram o rádio e a imprensa escrita que detinham o monopólio da informação. A televisão, hoje onipresente, apenas engatinhava — basta dizer que a primeira emissora do país e da América Latina, a TV Tupi de São Paulo, de propriedade de Assis Chateaubriand, foi inaugurada em setembro de 1950. O noticiário radiofônico mais famoso, o *Repórter Esso*, só estreou na televisão em 1953. Os jornais de grande circulação eram vespertinos e poucos, concentrados no Rio de Janeiro e São Paulo, o que por si só era um claro indicador da importância política e econômica dos dois centros. Os incipientes sistemas de telecomunicações, as deficiências dos correios e as precárias condições das redes e meios de transportes eram fatores que impediam a expansão rápida da comunicação por todo o território nacional — um território, ainda por cima, de dimensões continentais.

A imprensa, antes dos anos 50, dependia dos favores do Estado, dos pequenos anúncios populares ou domésticos — os classificados — e da publicidade das lojas comerciais. Foi exatamente a partir daí, no segundo governo Vargas (1950-1954), que o processo de industrialização do país se tornou mais visível e, no governo Juscelino Kubitschek (1956-1960), mais acelerado e irreversível. Com a maior diversificação da atividade produtiva trazida pela indústria, começaram os investimentos de peso em propaganda e surgiram as primeiras grandes agências de publicidade. Era preciso, agora, anunciar produtos como automóveis e eletrodomésticos, além de produtos alimentícios e agrícolas. Em pouco tempo, os jornais passaram a obter 80% de sua receita dos anúncios. A ocupação do espaço com publicidade passou a ser administrada por uma tabela de preços calculada em centímetros de coluna ou em frações de tempo no rádio e na televisão. A publicidade também obrigou os jornais a se preocupar em aumentar sua circulação, já que as agências preferiam entregar seus anúncios aos veículos de maior tiragem, que cobrissem as maiores áreas do território nacional.

À medida que avançava o desenvolvimento industrial e aumentava o peso da publicidade, a imprensa foi se tornando menos dependente do poder público. Mas, afinal, quais eram os favores do Estado de que ela dependia naquela época? Eram, como hoje, os financiamentos dos bancos oficiais, as isenções fiscais, a publicidade governamental. No caso do rádio e da televisão, era principalmente a concessão de canais. Mas no caso dos jornais havia um problema adicional: era o governo que controlava a distribuição das quotas de papel, matéria-prima em grande parte importada sem a qual o veículo simplesmente não existia.

A década de 1950 assistiu também ao lançamento de jornais que foram precursores da modernização do jornalismo brasileiro, e a reformas de outros que atuavam desde o início da República e então ganharam novo fôlego. A *Última Hora,* criada em 1951, com financiamento do governo, foi um dos jornais mais inovadores do período, ao adotar técnicas de comunicação de massa até então desconhecidas no Brasil, uma diagramação revolucionária e grande racionalidade na gestão empresarial. O *Diário Carioca*, jornal mais antigo, que mantinha um grupo de jornalistas altamente qualificado, foi igualmente inovador ao introduzir, também em 1951, o uso do *lead* — o parágrafo inicial da notícia, onde devem estar respondidas as questões quem? o quê? onde? quando? como? por quê?. Foi ainda o *Diário Carioca* o primeiro a empregar uma equipe de copidesque em sua redação, desempenhando um papel de formador de novos quadros para a imprensa.

Em 1956, o *Jornal do Brasil*, que durante muitos anos foi tido como um "boletim de anúncios", deu início à sua reforma com a criação do Suplemento Dominical, o SDJB, que tinha à frente Reynaldo Jardim. O SDJB recebeu a colaboração de poetas, escritores, artistas plásticos, todos jovens de vanguarda ligados ao movimento concretista, e seu sucesso foi tal que a direção do jornal decidiu aprofundar a reforma, trazendo, para coordená-la, Odylo Costa Filho. Odylo, por sua vez, trouxe outros jornalistas que vinham de experiências inovadoras no *Diário Carioca* e na *Tribuna da Imprensa*. O jornal ampliou o noticiário, adotou a fotografia na primeira página e, a partir de 1959, sob a orientação de Amílcar de Castro, sofreu modificações gráficas. Surgiram o Caderno C, de classificados, e o Caderno B, dedicado às artes, teatro e cinema. A redação foi reestruturada, e a partir de 1962, já sob a direção de Alberto Dines, instituíram-se as editorias, que se especializaram na cobertura de temas como política, economia, esportes, cidade, internacional etc. A reforma do *JB* teria grande impacto e serviria de exemplo para as transformações subseqüentes da imprensa brasileira.

Uma das marcas do jornalismo dos anos 50 foi a paixão política. O debate político conduzido pelos partidos de maior penetração nacional — de um lado o Partido Social Democrático (PSD) e o Partido Trabalhista Brasileiro (PTB), de outro a União Democrática Nacional (UDN) — dominou o espaço de todos os jornais de grande circulação do período, o que os levou muitas vezes a ter papel ativo nas crises que sacudiram o país. Quando, por exemplo, Getúlio Vargas se suicidou, em 24 de agosto de 1954, a *Última Hora*, que o apoiava, foi o único jornal que circulou no Rio de Janeiro. Os demais foram impedidos pelo povo, que chegou a atacar as sedes da *Tribuna da Imprensa* e de *O Globo*, opositores do presidente morto.

O jornalismo de combate, de crítica, de doutrina e de opinião convivia com o jornal popular, que tinha como característica o grande espaço para o *fait divers* — a notícia menor, relativa aos fatos do quotidiano, a crimes, acidentes etc. —, para a crônica e para o folhetim. A política não estava ausente, mas era apresentada com uma linguagem pouco objetiva.

Esse jornalismo de influência francesa acabaria por ser substituído pelo modelo norte-americano: um jornalismo que privilegia a informação e a notícia, e que separa o comentário pessoal da transmissão objetiva e impessoal da informação. Mas esse seria um processo lento e gradativo.

A imprensa e o regime militar

O regime militar inaugurado no Brasil com o golpe de 31 de março de 1964 instalou-se com um forte consentimento civil. Entre outros setores, principalmente empresariais, a imprensa de maior prestígio e circulação foi um dos suportes estratégicos do movimento que derrubou o regime constitucional. A maioria dos proprietários de jornal encampava as idéias do liberalismo econômico e se identificava com o ideário da UDN, o partido que, junto com os militares, conspirou para a deposição do presidente João Goulart. Udenista era a família Mesquita, proprietária de *O Estado de S. Paulo*, assim como Roberto Marinho, dono de *O Globo*. Hebert Levy, proprietário da *Gazeta Mercantil,* jornal que ganharia importância nos anos 70, tinha sido um dos fundadores da UDN em 1945 e foi um dos articuladores do movimento golpista em 1964.

Antes de 1964, os grandes jornais alertavam para o perigo do "estatismo" na economia e condenavam as restrições ao capital estrangeiro, que impediriam o país de avançar no seu processo de industrialização. Diante da intensificação das reivindicações populares e do "perigo comunista", os empresários da imprensa abdicaram de sua crença na liberdade individual e aceitaram a centralização do poder nas mãos dos militares como única alternativa para impedir a "subversão", ou a ascensão dos grupos de esquerda ao comando do país.

Um jornal como o *Correio da Manhã*, identificado com as classes médias conservadoras e com o pensamento liberal, estampou nos dias 31 de março e 1º de abril de 1964 os editoriais "Basta!" e "Fora!", dirigidos a João Goulart. O último afirmava: "A nação não mais suporta a permanência do Sr. João Goulart à frente do governo. Não resta outra saída ao Sr. João Goulart senão entregar o governo ao seu legítimo sucessor. Só há uma saída a dizer ao Sr. João Goulart: saia."

Poucos foram os jornais contrários à instalação do regime autoritário-militar. Um deles foi a *Última Hora*, que durante o governo Goulart apoiou as chamadas reformas de base e as reivindicações dos sindicatos e dos movimentos de esquerda.

Com a subida dos militares ao poder, teve início um período de repressão política, que levaria à prisão dos opositores do regime e à censura à imprensa. Diante das restrições à liberdade de expressão e da perseguição dirigida às antigas lideranças políticas, sindicais e intelectuais, em pouco tempo a imprensa começou a se distanciar do governo e a denunciar as arbitrariedades que estavam sendo cometidas.

A intensidade da censura não foi a mesma durante todo o período militar. Mais branda durante os primeiros anos, tornou-se mais rigorosa após a edição do Ato Institucional nº 5, em 13 de dezembro de 1968. Pelo AI-5, o presidente da República teve seus poderes ampliados e pôde impor a censura prévia aos meios de comunicação, desde que tal procedimento fosse considerado necessário à defesa do regime. Na época, alguns jornais foram invadidos e fechados pelos órgãos da repressão policial-militar. No Rio de Janeiro, o *Correio da Manhã* e o *Jornal do Brasil* tiveram seus diretores e vários de seus jornalistas presos. A partir de então, os temas políticos passaram a ser cuidadosamente censurados, enquanto a imprensa, com uma série de estratégias e artifícios, tentava denunciar a ação da censura. Nos espaços das matérias que haviam sido proibidas, alguns jornais e revistas publicavam receitas culinárias absurdas ou poemas, como fez *O Estado de S. Paulo*. Outras vezes, deixavam os espaços em branco ou os preenchiam com figuras de demônios, como fez a *Veja*.

A relação dos militares com a imprensa teve, contudo, uma outra face. Ao mesmo tempo em que censuravam matérias e interferiam no conteúdo da informação, os governos militares financiaram a modernização dos meios de comunicação. Isso se explica porque, para eles, essa modernização era parte de uma estratégia ligada à ideologia da segurança nacional. A implantação de um sistema de informação capaz de "integrar" o país era essencial dentro de um projeto em que o Estado era entendido como o centro irradiador de todas as atividades fundamentais em termos políticos.

A criação da Embratel, Empresa Brasileira de Telecomunicações, pode ser vista como o símbolo desse projeto. A empresa foi criada em setembro de 1965 e deu início à instalação da rede básica de telecomunicações, implantando os sistemas de microondas em visibilidade e em tropodifusão na Amazônia (nesse caso ainda não era possível a transmissão de televisão, que só chegaria à região em 1975). Em 1965 foi também criado o Ministério das Comunicações, e em 1972 a Telebrás, Telecomunicações Brasileiras S/A, empresa pública federal responsável pela coordenação dos serviços de telecomunicações em todo o território nacional. A criação da Embratel, com um plano de estações repetidoras e canais de microondas, permitiria a formação e a consolidação das redes de televisão no país.

O Brasil entrou na era da televisão em 1950, mas só a partir da década de 1970 ela se tornaria um veículo de comunicação de massa. Nos primeiros anos após a inauguração da TV Tupi de São Paulo, a televisão atingia um público muito restrito e se caracterizava pela improvisação e a utilização de modelos de programação copiados do rádio. Em 1955 foi criada a TV Rio, e logo em seguida surgiram outras emissoras, que começaram a competir por audiência e publicidade. Mas foi a entrada no mercado da TV Globo, em 1965, que alterou o padrão da televisão no Brasil. Começou então a haver maior profissionalização, mais competitividade, e o conteúdo dos programas televisivos foi radicalmente alterado. Hoje, praticamente 98% dos domicílios urbanos têm televisão, o que significa mais de 40 milhões de aparelhos. Foi a televisão que trouxe as maiores mudanças culturais das últimas décadas, influenciando comportamentos, afetando o vocabulário e a fala, e documentando os principais acontecimentos do país.

A formação de grandes redes, estimuladas pelos militares, exigia investimentos. Foi então que se assistiu à formação dos oligopólios da informação, com recursos obtidos junto ao governo. Não se deve esquecer que nos anos de regime militar a imprensa escrita, o rádio e a televisão já dependiam fundamentalmente da publicidade para sobreviver, e que os maiores anunciantes eram os órgãos estatais. Valorizando a eficiência técnica e gerencial, o governo entregava sua publicidade aos órgãos da mídia que tinham maior capacidade de circulação.

O contraponto da tendência à concentração dos meios de comunicação foi o desaparecimento de vários jornais. Alguns títulos tradicionais, jornais que haviam sido criados entre o início do século e a década de 1940, foram extintos. Foi esse o caso do *Diário Carioca* (1928-1965), do *Correio da Manhã* (1901-1974), do *O Jornal* (1919-1974) e do *Diário de Notícias* (1930-1976). Outros, como a *Última Hora*, entraram em decadência. Se em 1950 existiam no Rio de Janeiro 22 jornais diários comerciais, entre matutinos e vespertinos, com as mais diversas tendências políticas, em 1960 esse número foi reduzido para 16 jornais diários, e no final de 1970, para sete. A explicação para o desaparecimento de um número elevado de jornais e revistas nos anos 70 está relacionada também à elevação do custo do papel. Com a crise do petróleo em 1973, o papel de imprensa passou de US$ 171,00 a tonelada, em 1971, para US$ 320,00 em 1974 — um aumento de 187%. Nesse período o país importava 60% do seu consumo em papel jornal. O aumento do preço do papel desencadeou o processo de fechamento de muitos jornais que já enfrentavam problemas financeiros e de gestão, e ao mesmo tempo sofriam restrições de ordem política.

As revistas ilustradas semanais de circulação nacional, como *O Cruzeiro*, *Manchete*, *Fatos e Fotos*, também passaram por grandes transformações durante o regime militar. Editadas no Rio de Janeiro, essas publicações tiveram seu apogeu nos anos 60, mas a partir daí iriam sofrer uma forte erosão e acabariam por desaparecer. Enquanto isso, o centro produtor de revistas semanais de sucesso deslocou-se para São Paulo. A explicação para a perda de hegemonia do Rio de Janeiro se prende em grande parte à incapacidade de renovação de suas revistas após o advento da televisão. Elas usaram excessivamente a fotografia e a cor, mas a densidade informativa permaneceu baixa. O surgimento da televisão, aumentando a velocidade da transmissão da informação, exigia uma reestruturação no formato, na linguagem e no estilo das revistas. A Editora Abril percebeu isso, levou para São Paulo os melhores profissionais e impôs uma nova orientação ao veículo: a revista semanal de informação deveria fazer a complementação do informativo diário, trazer o resumo e a análise interpretativa dos acontecimentos da semana. Era essa a proposta de *Veja*, criada em 1968 pelo jornalista Mino Carta. À frente da Abril, Victor Civita lançou não apenas revistas de reportagem e informação (*Realidade*, *Veja*), como publicações populares (*Capricho*, *Ilusão*) e especializadas (*Quatro Rodas*, *Cláudia*), e em 1980 era dono do maior complexo editorial e gráfico da América Latina.

A chamada "imprensa alternativa" conheceu grande sucesso na fase mais aguda da repressão do regime militar. Surgiu no momento em que se tornou visível o fracasso da luta armada, e foi através dela que muitos jornalistas, intelectuais e ex-militantes tentaram construir um espaço legal de resistência política, além de uma frente de trabalho alternativa à imprensa comercial e à universidade. Muitos dos jornais tinham o formato de tablóide, e as tiragens eram irregulares. Alguns eram vendidos em bancas, outros circulavam entre os membros de partidos ou movimentos de esquerda clandestinos. As organizações de esquerda, como estavam impedidas pela censura de divulgar suas posições políticas e suas críticas ao regime, utilizavam a imprensa alternativa com esse fim. Tais jornais foram responsáveis pela formação de muitos jovens jornalistas que depois continuaram sua carreira profissional na imprensa. Os que mais se destacaram politicamente foram os jornais *O Pasquim, Opinião, Movimento, Em Tempo, Coojornal* e *Versus*. *O Pasquim* foi um dos jornais alternativos de maior circulação nacional, com tiragens de mais de 100 mil exemplares. Dava grande espaço para charges e sátiras políticas, e seu texto era repleto de ironias e sarcasmos dirigidos ao regime militar. Todos esses veículos publicavam matérias de investigação sobre os mais variados temas, como condições de vida dos trabalhadores, situação das empresas, poluição ambiental etc.

É sabido que entre 1967 e 1973 ocorreu um forte crescimento econômico no país. Assistiu-se a um processo de verticalização da indústria e a um aumento considerável da produção de bens duráveis. Foi o período do chamado "milagre econômico", quando o PIB cresceu a uma média de 10% ao ano, e a inflação, sob controle, oscilou em torno de 20% ao ano. O modelo de desenvolvimento adotado permitiu importantes investimentos nas empresas estatais, em especial as de petróleo, produtos petroquímicos, aço, energia e comunicação. Já se mencionou aqui o interesse dos militares na formação das redes de televisão, mas é preciso lembrar que eles também financiaram a modernização da maior parte dos jornais que permanecem no mercado até hoje. A construção de sedes modernas, a compra e a importação de equipamentos foram feitas com financiamentos de bancos e instituições estatais, o que evidentemente representava um instrumento adicional de controle sobre a mídia.

Foi nessa época que nasceu o jornalismo econômico tal como o conhecemos hoje. Até os anos 70, o noticiário econômico era essencialmente financeiro ou comercial, voltado para informações práticas: cotação da bolsa, informações sobre câmbio, entrada e saída de navios, preços e produção de produtos agrícolas. Quando outros temas apareciam, não vinham acompanhados de análise, pois não existia um grupo de jornalistas especializados em assuntos econômicos dentro das redações. Não existia uma cobertura regular do desempenho das empresas, nem dos diversos setores da economia.

O jornalismo econômico serviu aos interesses tanto dos proprietários de jornais quanto dos militares. Os primeiros, diante das pressões da censura e da apreensão dos jornais pela polícia, consideraram conveniente substituir o noticiário político pelo econômico ou por notícias internacionais. Para os militares, as editorias de economia representavam um espaço de menor risco, já que se dirigiam a um público específico e que os dados econômicos eram fornecidos por agências oficiais. Mas havia mais: o jornalismo econômico era um eficiente instrumento de divulgação da política econômica do regime militar. Era importante para o governo que a imprensa divulgasse as conquistas e avanços de sua política econômica, já que o desempenho da economia era uma fonte de legitimação política para um regime instalado e mantido pela força.

As editorias de economia dos jornais e revistas rapidamente conquistaram grande espaço e prestígio, e foi no seu interior que foram introduzidas inovações que em seguida se estenderam a toda a redação. Houve também empresários que perceberam que a conjuntura favorecia a entrada no mercado de veículos de comunicação especializados em economia e dirigidos a um público de tecnocratas, tomadores de decisão e formadores de opinião. Deve-se lembrar o caso da *Gazeta Mercantil*, que até 1972 era um jornal que publicava avisos de concordatas preventivas, pedidos de falência, títulos protestados, taxas bancárias e movimentos de navios no porto de Santos, mas que, a partir de uma reforma feita em 1973-74, se transformou no jornal de maior prestígio na área econômica.

Após a redemocratização, as editorias de economia continuariam a ocupar importantes espaços nos jornais e revistas de maior circulação. Pode-se verificar, por exemplo, que o número de páginas dos cadernos dedicados à economia aumentou. A especialização surgida durante o período militar conta hoje com jornalistas que desfrutam de grande prestígio no meio.

A imprensa e a abertura

Ao assumir a presidência da República, em março de 1974, o general Ernesto Geisel tinha uma crise a enfrentar — o primeiro choque do petróleo, ocorrido em outubro de 1973, quando os preços do produto quadruplicaram — e um projeto político a cumprir — o de uma distensão "lenta, gradual e segura". Estando já eliminados os movimentos de luta armada, e diante da erosão do regime militar, Geisel e seu mais importante estrategista político, o general Golbery do Couto e Silva, formularam uma estratégia de liberalização política a fim de recuperar o apoio da sociedade para a "obra revolucionária" e de impor limites à crescente autonomia da comunidade de segurança, que se havia tornado uma ameaça de desagregação da própria instituição militar.

Para que o projeto de distensão se concretizasse, o governo deveria permitir a livre manifestação do eleitorado e da imprensa. Foi o que procurou fazer, mal ou bem, na expectativa das eleições de outubro de 1974. Acreditando na vitória do partido da situação, a Arena, o governo procurou revitalizar o processo eleitoral e ao mesmo tempo liberar a imprensa da censura. Essa liberação não foi um movimento linear. Houve idas e vindas, e muitas vezes as negociações com as empresas jornalísticas levaram à substituição da censura, a cargo da Polícia Federal, pela autocensura. Já nas eleições, o resultado foi desastroso para a Arena. O partido de oposição, o MDB, obteve 16 das 22 cadeiras em disputa no Senado (estava sendo renovado 1/3 das 66 cadeiras existentes) e quase dobrou sua representação na Câmara dos Deputados (de 87 deputados federais passou para 170).

Se a vitória do MDB representou o fortalecimento da oposição, atiçou também o descontentamento da linha dura militar com o projeto de abertura. Em janeiro de 1975, os órgãos de repressão lançaram uma ofensiva contra o Partido Comunista Brasileiro (PCB), cujos membros já vinham sendo perseguidos. Um dos acontecimentos mais marcantes do período Geisel foi a morte do jornalista Wladimir Herzog, em 26 de outubro de 1975, nas dependências do II Exército em São Paulo. Herzog era diretor de telejornalismo da TV Cultura, emissora do governo do estado de São Paulo. Fora indicado pelo secretário de Tecnologia e Cultura José Mindlin, e sua indicação fora aprovada pelo governador Paulo Egídio Martins. Compareceu espontaneamente ao Doi-Codi para depor sobre acusações de envolvimento com o PCB, foi preso e, em seguida, segundo a versão oficial, foi encontrado morto na cela, onde teria cometido suicídio. A morte do jornalista provocou enormes protestos, e o ato ecumênico celebrado em sua memória na Catedral da Sé, a que compareceram milhares de pessoas, transformou-se em manifestação contra a tortura. Geisel advertiu o general

Ednardo D'Ávila Melo, comandante do II Exército, de que não admitiria a ocorrência de episódios semelhantes, mas em janeiro de 1976 o operário Manuel Fiel Filho foi "encontrado" morto nas mesmas circunstâncias de Herzog. Sem consultar o ministro do Exército, general Sílvio Frota, identificado com a linha-dura, Geisel destituiu sumariamente o general Ednardo do comando que exercia.

Esses episódios foram marcantes também para a história do jornalismo. A partir daí, a censura explícita ou a autocensura dos órgãos de imprensa foi bastante amenizada, e os jornais e revistas passaram a agir com mais desenvoltura em defesa da volta à democracia, da anistia e da liberdade de expressão.

Foi durante o governo Geisel que se tornou comum a divulgação na imprensa de informações transmitidas por pessoas que ocupavam o centro do poder, como o general Golbery do Couto e Silva ou o ministro da Justiça Armando Falcão, que não podiam ser citados como fontes. Eram as chamadas informações privilegiadas, fornecidas *off-the-record*, ou seja, longe do gravador, ou extra-oficialmente. Essa forma de obter e divulgar informações permanece até hoje e transformou-se em rotina. Dificilmente o jornalista cita suas fontes. Dar notícias obtidas "em *off*" significa não responsabilizar a fonte pela notícia. Por outro lado, o informante cuja identidade é mantida em sigilo também pode usar o jornalista com intenções políticas ou econômicas. Ainda assim, muitos jornalistas consideram o "*off*" um excelente meio de obter informação, em geral uma notícia "quente", que de outro modo não seria revelada pelo informante.

Nem só de política tratou a imprensa no período. A partir do primeiro choque do petróleo, em 1973 — a que se seguiria um segundo, em 1979 —, houve uma desaceleração no ritmo de crescimento econômico do país, uma retomada do processo inflacionário e um aumento colossal do endividamento externo. A crítica ao modelo econômico adotado pelos governos militares foi um fator de aglutinação dos opositores políticos do regime. Muitos jornalistas se aproximaram de economistas que trabalhavam na universidade ou em instituições de pesquisa para obter dados e informações que lhes permitissem construir seus comentários. Pouco a pouco, dentro das redações, emergiram temas como desemprego, pobreza, distribuição de renda. Já em 28 de julho de 1974 o *Jornal do Brasil* publicava artigo intitulado "A renda mal distribuída", em que contestava a estratégia do ex-ministro da Fazenda Delfim Netto de "primeiro deixar o bolo crescer para depois distribuir". Segundo o jornal, a desigualdade existente não teria outra justificativa que não a ideológica.

Os jornalistas também trouxeram para as páginas dos jornais os empresários, que participavam de debates promovidos pelas redações sobre o modelo de desenvolvimento econômico. Abria-se cada vez mais espaço para os políticos de oposição e para as novas lideranças sindicais, que começavam a aparecer no fim dos anos 70.

No final de seu governo, o general Geisel enviou ao Congresso proposta de emenda Constitucional que revogava o AI-5. A revogação foi aprovada em dezembro de 1978. Entretanto, permaneceu em vigor a Lei de Segurança Nacional, que, além de definir alguns crimes de imprensa, atribuía ao ministro da Justiça competência para apreender e suspender impressos, caso estes implicassem crimes contra a segurança nacional. Durante o governo do general João Batista Figueiredo, último presidente do regime militar, foi abolida, pela Lei nº 7.170, a interferência da Lei de Segurança Nacional no tocante à legislação de imprensa.

Mas foi somente no primeiro governo civil após 20 anos, e com a promulgação da nova Constituição, em 5 de outubro de 1988, que a imprensa recuperou suas garantias de livre expressão. A essa altura, já estava em curso a transformação que alterou a face exibida pelos jornais e jornalistas brasileiros antes dos anos 70. Para entendê-la, realizamos uma pesquisa entre os profissionais da imprensa e entrevistamos 55 jornalistas do Rio de Janeiro, São Paulo e Brasília que participaram desse processo.

O novo jornalismo

Embora não deva ser considerada o único agente de transformação da imprensa, a tecnologia foi seguramente um de seus principais instrumentos. Os avanços nessa área, com o desenvolvimento das telecomunicações, com a difusão da informática a partir dos anos 80, com as novas possibilidades de impressão e de registro audiovisual, ocorreram em escala mundial e afetaram a coleta da informação, a produção da notícia e sua distribuição.

O objetivo das empresas de comunicação, ao adotar novas tecnologias, era em última instância baratear seus custos operacionais. Essa economia futura exigia de início pesados investimentos em equipamentos, que por sua vez requeriam a imediata rentabilidade do veículo. Foi nesse quadro que, levando-se em conta que quanto mais público, mais publicidade, um novo elemento se tornou fundamental para os meios de comunicação: o *marketing*. Os estudos mercadológicos e as medidas estratégicas normalmente utilizadas para sustentar um produto no mercado consumidor e garantir seu êxito comercial passaram a ser preocupação primordial dos empresários da imprensa.

A introdução do *marketing*, e das pesquisas de mercado a ele associadas, veio tentar adequar o meio de comunicação, visto como "produto", ao público consumidor leitor, ouvinte ou telespectador, visto por sua vez como "cliente". A partir das características desse público, de suas expectativas, de seus gostos e valores, passou-se a definir o conteúdo, a linguagem e a apresentação daquilo que lhe era oferecido. Não foi só o público que passou a influir diretamente sobre os meios de comunicação. Também as empresas de publicidade procuraram induzir as empresas jornalísticas a se tornar meios mais atraentes e sedutores de divulgação para os produtos anunciados. Por pressão da publicidade, por exemplo, quase todos os jornais de grande circulação nacional passaram a usar a cor, o que os obrigou a melhorar a qualidade do papel.

Hoje, a grande maioria dos jornais no Rio de Janeiro, São Paulo e Brasília utilizam o recurso da pesquisa junto ao leitor, a fim de definir suas características socioeconômicas, culturais e políticas, e também sua relação com o jornal. Alguns fazem esse tipo de pesquisa a cada dois anos. Outros acompanham diariamente a reação dos assinantes, com o objetivo de observar seu próprio desempenho e ressonância.

Esses instrumentos de avaliação, que se tornaram fundamentais para enfrentar a competição, além de apontar os assuntos que despertam mais interesse no leitor, levaram à introdução de inovações na forma de apresentação das matérias. Criou-se, portanto, uma relação estreita entre as exigências mercadológicas e as redações. Foi em resposta às expectativas do público que surgiram cadernos sobre temas específicos, como vestibular, informática, saúde etc., ou suplementos dirigidos a segmentos determinados, como mulheres e jovens. Tornaram-se também freqüentes os números especiais sobre eventos ou instituições, interessados, nesse caso, em atrair publicidade.

A influência do mercado sobre as redações se fez sentir ainda de outras maneiras. Os jornalistas foram obrigados a produzir textos mais curtos, a escolher títulos sintéticos, a se preocupar com o uso da imagem. Proliferaram as colunas de notas curtas, que têm um número elevado de leitores. Passou-se a utilizar com maior intensidade recursos gráficos como tabelas, quadros e mapas. Na transmissão da notícia, foi adotado um padrão de texto impessoal, seco, descritivo, rigoroso, no sentido de não expressar juízo de valor. Os comentários pessoais foram reservados aos artigos e às colunas assinadas.

O público também foi beneficiado com o maior espaço dado às seções de cartas do leitor, reclamações e serviços. Em alguns jornais foi introduzida a figura do *ombudsman*, que tem sua tradição nos países nórdicos e cuja função é criticar o jornal e defender os leitores. A *Folha de S. Paulo* foi a introdutora dessa atividade na imprensa brasileira, em 1989. O *ombudsman* atende os leitores, ouve suas críticas e sugestões e as encaminha para a redação. Prepara, por escrito, uma crítica, que circula internamente, apontando os erros cometidos pelo jornal: ortográficos, de edição e de informação.

Na guerra pela conquista do leitor, o novo modelo de jornalismo levou mesmo à introdução de recursos não-jornalísticos na imprensa: foi assim que surgiu a política de distribuição de fascículos e brindes e de sorteios.

As estratégias desenvolvidas pelas empresas de comunicação, em sintonia com as empresas de publicidade, foram absorvidas de maneira diferente pelos jornalistas, em função da posição que ocupavam e ocupam na hierarquia das redações. Os que hoje se encontram em função de chefia vêem de forma positiva a relação do jornal com o público. Mas, para outros, a busca de audiência entre as camadas mais pobres da população, que constituem a grande massa, pode levar a imprensa a fazer concessões ao mau gosto e à vulgaridade, através da exploração de histórias dramáticas, escândalos e do grande destaque para o acidente ou o crime. O curioso é que a análise dos resultados das pesquisas diárias tem constatado que, mesmo entre os assinantes, que seriam em tese leitores mais qualificados, as notícias relativas à "polícia" têm grande índice de leitura.

Para muitos jornalistas, agradar ao leitor tem limites, pois o jornal pode, ao tentar satisfazer o gosto do público, baixar a qualidade da informação e contribuir para a permanência de tendências e valores retrógrados da sociedade. Muitos consideram que as pesquisas e o *marketing* fazem parte da nova imprensa, que hoje não é possível editar um jornal com base apenas na experiência, na intuição, no faro, mas acham que os meios de comunicação não podem se orientar única e exclusivamente pelo gosto imediato do leitor.

Muitos jovens jornalistas chamam a atenção para o fato de que, sem o *marketing*, sem a preocupação com o aspecto comercial e sem a participação de todos na busca de um constante aumento de vendagem, o jornal desaparecerá. Alguns consideram que fazer um bom jornal que não vende, ou porque a empresa e os jornalistas não têm uma visão adequada do seu público, ou porque não se preocupam com a gestão administrativa, significa uma incapacidade de acompanhar as mudanças. Ficar de costas para o mercado significaria, no fim das contas, a morte do jornal e do próprio jornalismo.

Essas questões começaram a ser discutidas já em 1977, durante o Congresso Brasileiro de Jornais, do qual participaram 70 empresas jornalísticas. Um dos temas de destaque nos debates foi a importância de uma aproximação cada vez maior dos leitores, "como instrumento para determinar a linha a ser seguida nas próximas edições". Essa foi a visão transmitida desde então pelos diretores e chefes de redação dos jornais de maior circulação aos profissionais da imprensa.

O jornalismo, na opinião de muitos, está perdendo espaço dentro das empresas para as áreas comerciais, de *marketing* e de distribuição. As pesquisas de mercado vieram pôr os leitores, ouvintes e telespectadores no centro da comunicação, o que determinou uma perda de poder dos jornalistas e os transformou em atores coadjuvantes. Os jornalistas, que até pouco tempo atrás podiam ser considerados os porta-vozes da opinião pública, hoje estão cada vez mais distantes desse papel, que é desempenhado pelas pesquisas de mercado. São elas que, através da consulta permanente ao público, revelam o que ele pensa, quais os seus gostos e preferências. São essas informações que orientam a posição da mídia e dos políticos.

A interação entre redação e *marketing* nem sempre ocorre de maneira harmoniosa. Na maior parte das empresas, a orientação dada ao *marketing* é no sentido de trabalhar ao lado da redação, de prestar serviços a fim de obter melhores resultados na apresentação do produto e vencer a concorrência. Na realidade, as relações são freqüentemente de imposição de regras pelo setor comercial, o que provoca situações tensas e mesmo conflituosas. O jornalista muitas vezes se sente impedido de exercer sua criatividade diante da imposição dos interesses comerciais.

Os jornalistas pertencentes à geração mais antiga, que hoje respondem pelas colunas assinadas de grande prestígio nos jornais, têm uma reação de não-aceitação do que chamam de "ditadura do leitor" ou de "subserviência ao leitor". O leitor, por sua vez, aceita com dificuldade alterações na imprensa, precisa que as mudanças sejam lentas para se adaptar. Isso faz pensar que hoje os jornais não poderiam passar por reformas profundas como a que fez, por exemplo, o *Jornal do Brasil* nos anos 50 e 60.

Um outro aspecto que deve ser considerado quando se analisam as alterações sofridas pela imprensa nos últimos anos é a estrutura de produção de um jornal. Não há dúvida de que a informatização das redações significou um salto em termos de rapidez na execução das tarefas. Em contrapartida, o rigor no horário de fechamento do jornal aumentou, obrigando o jornalista a trabalhar sob pressão. Antes, o jornal estava pronto para rodar quando o editor dizia "pode fechar". Hoje, o jornal fecha muito mais cedo, e quem exige isso é outra instância: a comercial. Os jornalistas têm que obedecer a horários rígidos, pois há contratos com companhias aéreas, que distribuem o jornal para outros estados, e com serviços terrestres, para a distribuição em cidades próximas.

O jornalista, hoje, trabalha mais: além de preparar a notícia, deve fazer a diagramação, indicar as fotos, desenhos, gráficos, em suma, tudo o que constará da sua matéria. Além disso, houve uma redução drástica de pessoal nas redações. Os repórteres muitas vezes são obrigados a fazer mais de uma matéria ao mesmo tempo. Nesse processo rápido e ágil, o controle da qualidade se torna mais difícil. Esses são, em geral, os argumentos utilizados para mostrar como caiu a qualidade das matérias veiculadas hoje em dia.

Na verdade, são a competitividade entre os vários tipos de mídia e a disputa pelo mercado as responsáveis pelo comportamento dos jornalistas na atualidade. A concorrência obrigou-os a uma postura menos política e menos ideológica diante dos fatos e das notícias. A informação, além de um bem simbólico, tornou-se um bem econômico, uma mercadoria.

Se as inovações técnicas e a concorrência têm um lado positivo, na medida em que tornam o poder mais transparente, elas também impõem uma uniformização ou uma homogeneidade a essa mercadoria que é a notícia. Observando-se os jornais diários e os telejornais, vê-se que as manchetes e as notícias do dia são praticamente iguais em todos os veículos. Se é sabido também que diariamente as redações são dominadas por um excesso de notícias, como explicar a mesma hierarquização dos assuntos? Pierre Bourdieu, ao analisar a televisão, diz que "onde as pressões coletivas são muito fortes, em especial as pressões da concorrência, cada um dos produtores é levado a escolher aquilo que ele não faria se outros não existissem; ele faz para chegar antes dos outros".

A maneira de trabalhar dos jornalistas é outro elemento que leva à homogeneidade: eles se lêem entre si, vêem os mesmos jornais na televisão à noite e cobrem os mesmos personagens políticos. Os jornalistas de

Brasília institucionalizaram a cobertura pelo que chamam de *pool*: alguns deles vão falar com um senador em evidência, outros vão ao ministro que está resolvendo alguma questão importante, e assim por diante. No fim, todos se encontram na sala de imprensa e uns checam as informações que obtiveram com os outros. Isso tende a uma "pasteurização brutal", de acordo com a opinião dos jornalistas mais críticos.

Não se pode esquecer que, além disso, o jornalista recebe uma enorme quantidade de *press releases* preparados por instituições públicas ou empresas privadas, que informam sobre acontecimentos políticos e culturais ou dão a versão que se deseja ver oficialmente transmitida sobre fatos e decisões. O *press release* é uma maneira de uniformizar o conteúdo das notícias, um mecanismo para impor obstáculos à divulgação de informações indesejáveis, em suma, um meio de controlar a informação.

O resultado é que a informação quotidiana divulgada pelos diferentes órgãos de imprensa está se tornando cada vez mais igual. Isso se deveria, em parte, às poucas fontes consultadas, à orientação das pesquisas de opinião que revelam índices de leitura e audiência, à estrutura das redações e, principalmente, ao predomínio da lógica da concorrência. Pode-se acrescentar ainda uma outra explicação: é que os jornalistas que ocupam atualmente as posições mais altas na hierarquia das redações, e que definem o que será notícia, têm uma formação comum, uma cultura jornalística compartilhada. As análises da trajetória de vida desses profissionais mostra que nos últimos 30 anos eles circularam pelos mesmos jornais e revistas do Rio de Janeiro e São Paulo, os quais por sua vez disputam o mesmo tipo de público, o leitor de classe média.

No novo jornalismo, submetido à pressão da concorrência — que afinal resume todos os outros tipos de pressão —, os jornalistas também são submetidos a regras mais explícitas, destinadas a aumentar a eficiência do processo coletivo de trabalho. Seria esse, e não mais o "talento individual", o grande trunfo do jornalismo moderno.

O novo jornalista

As mudanças ocorridas no jornalismo brasileiro nas últimas décadas só se tornaram possíveis graças à introdução de novos métodos racionais de organização e gestão das empresas. A complexidade das novas tarefas exigiu, para começar, uma renovação na direção empresarial. Em outras palavras, um "novo" dono de jornal.

Até os anos 70, os jornais de grande circulação, a maioria deles de propriedade familiar, era administrada diretamente pelo dono. A partir daí, o poder nas empresas adquiriu outra dimensão. As novas gerações de proprietários — algumas vezes a segunda, mas no caso do jornal *Estado de S. Paulo* a sexta geração — dividem por um número maior de membros da família a direção e o controle acionário das empresas. Estas, por sua vez, constituem muitas vezes conglomerados que incluem diversos setores, como editoras e distribuidoras dos mais diversos tipos de publicações, cadeias de hotéis, empreendimentos turísticos etc. Os proprietários dos meios de comunicação são agora homens de organização submetidos a determinações de profissionais de diferentes especializações, como economistas, administradores, engenheiros de produção, engenheiros de informática, e à racionalidade dos conselhos de administração, comitês de diretoria e coordenações.

E quanto aos jornalistas, propriamente, o que mudou em seu perfil ao longo de todo esse processo? O jornalista de hoje se vê como um profissional pragmático, por oposição ao passado, quando a profissão era mais "romântica". A oposição romantismo x profissionalismo parece indicar que até os anos 70 os jornalistas tinham um envolvimento político e ideológico mais claro, agiam em função de valores e utopias, coisa que atualmente não ocorreria mais. Hoje, com o fim da bipolaridade capitalismo-socialismo, com o fim das utopias, com a visão pragmática do mercado e a predominância do sistema neoliberal e suas conseqüências, teria mudado a forma de o jornalista pensar os fatos e praticar quotidianamente sua profissão.

Mudou, para começar, o perfil dos jornalistas que ocupam posições estratégicas e de maior prestígio na mídia. Os atuais diretores de redação, chefes de editorias e de sucursais, iniciaram a vida profissional nos anos 70 e 80, e em geral têm formação universitária em jornalismo, ciências sociais ou história. Os jornalistas que ocupavam essas mesmas posições até a década de 1970, e que haviam iniciado a carreira no pós-guerra ou durante os anos 50, hoje são colunistas de prestígio ou ocupam cargos especiais, mas não detêm posição de direção. Entre os que têm formação superior, predomina o curso de direito. Mas há um contingente expressivo de grandes jornalistas sem curso superior ou sequer o secundário completo. A escola desses jornalistas foi o próprio jornal.

As mulheres, raras nas redações até os anos 60, hoje representam em torno de 35% do total de profissionais nas redações dos jornais de maior circulação do Rio de Janeiro, São Paulo e Brasília. Em algumas redações, elas já atingem 50% do contingente de jornalistas. Ocupam um espaço privilegiado nas colunas, tanto de política quanto de economia, e na direção de sucursais em Brasília. Em sua maioria têm curso de jornalismo ou comunicação.

Não se deve esquecer que a regulamentação da profissão de jornalista ocorreu em 1969, com a promulgação do Decreto-Lei nº 972, que tornou obrigatório o diploma dos cursos de jornalismo/comunicação para o exercício da profissão. Os cursos de jornalismo de nível superior haviam sido instituídos pelo Decreto nº 5.380, de 13 de maio de 1943, e o primeiro deles tinha começado a funcionar no Rio em 1947. Com a exigência do diploma, a partir de 1970, surgiu uma grande quantidade de faculdades voltadas para a formação desses profissionais. A lei que regulamentou a profissão determinou que todos os que estivessem exercendo o jornalismo até aquele momento poderiam obter o registro profissional mesmo sem o curso universitário. Havia então um maior número de homens nas redações, e muitos não tinham curso universitário. Hoje, comparativamente aos homens, as mulheres apresentam maior qualificação do ponto de vista da formação.

A profissionalização nasceu da ampliação das demandas do mercado, com o desenvolvimento dos meios de comunicação de massa e a implantação da grande indústria cultural. Nesse momento entrou em cena a lógica da diferenciação social: aqueles que atuavam visando à organização do espaço do trabalho buscaram limitar a concorrência através do estabelecimento de fronteiras. Só teriam acesso à profissão os que possuíssem formação especializada, feita nas faculdades de jornalismo ou comunicação. A profissionalização pode ser pensada também como um recurso dos jornalistas para assegurar alguma autonomia frente às empresas para as quais trabalhavam, numa conjuntura não-democrática.

No passado, as redações eram um espaço de prestígio intelectual. Os mais conhecidos e respeitados escritores, críticos literários e de arte do país foram homens de imprensa — basta lembrar Machado de Assis, Quintino Bocaiúva, Joaquim Nabuco, Lima Barreto, Alcindo Guanabara, Euclides da Cunha, Álvaro Lins, Otto Lara Rezende, Carlos Drummond de Andrade. Muitos deles se identificavam profissionalmente como jornalistas; outros, embora escrevessem diariamente em jornais, não poderiam ser assim considerados. De toda forma, era estreita a relação entre os intelectuais e a imprensa. Os editoriais, espaço reservado para o jornal expressar sua posição política e ideológica, eram formulados e escritos pelos jornalistas/intelectuais. As redações contavam com jornalistas que não só analisavam e comentavam os acontecimentos políticos, como se viam no papel de indicar alternativas para as mais variadas questões. Os jornalistas podiam ter e tinham opinião.

Hoje, os editoriais perderam sua importância. São destinados a uma faixa limitada de leitores, que vê neles uma fonte de orientação sobre determinados assuntos. A perda de importância do editorial pode significar que a imprensa se tornou menos militante e menos partidária. Ela se tornou de fato menos opinativa, mais pluralista e mais crítica.

Na medida em que são menos partidários, os jornais se diferenciam cada vez menos. Os manuais de redação foram um instrumento útil para impor a padronização, tanto na construção notícia quanto na elaboração do texto. Até os anos 70, o mercado era ocupado por um grande número de jornais, de diferentes orientações partidárias, e o leitor era o eleitor dos diferentes partidos. Hoje, os grandes jornais do Rio de Janeiro e de São Paulo estão disputando o leitor do centro. Nessa disputa, não importa o que diz o editorial, e sim a cobertura das notícias. É claro que isso não significa que a cobertura das notícias seja sempre isenta, nem que o jornal nunca tome posição.

A profissionalização foi afastando o escritor e o intelectual da imprensa. Eles agora podem colaborar como cronistas ou colunistas, eventualmente assinar artigos, mas não integram mais as redações. A profissionalização foi acompanhada ainda de outras perdas. Antes os jornalistas eram mal remunerados, mas tinham vantagens: não pagavam imposto de renda nem imposto de transmissão patrimonial, tinham direito a preços reduzidos nas passagens aéreas etc. O regime militar extinguiu essas vantagens.

É claro que a interpenetração entre o meio jornalístico e o meio intelectual sempre existiu e se mantém. Hoje, no debate público sobre as questões de interesse da população, os jornalistas se identificam com freqüência com os *experts,* como os economistas, e se tornam os transmissores do conhecimento específico dos técnicos que ocupam os altos escalões da administração pública e privada.

O jornalista hoje não só dá voz ao *expert,* como ele próprio se especializou e muitas vezes se transformou em *expert*. Existem atualmente na imprensa espaços abertos para a cobertura de numerosas áreas que pedem competências específicas, às vezes muito especializadas: problemas sociais, econômicos, financeiros, de ciência e tecnologia, atividades culturais. Os jornalistas estão sendo obrigados a investir cada vez mais numa formação especializada.

Mudou também a forma de o jornalista se inserir na empresa. A profissão se tornou bem remunerada durante o regime militar, na época do chamado "milagre econômico", quando a política se tornou um tema perigoso e as editorias de economia adquiriram enorme importância e prestígio. Os jornalistas dessas editorias foram levados a fazer uma opção e a trabalhar em tempo integral em uma só redação. Isso foi pouco a pouco se estendendo a todos os outros setores dos jornais.

O chefe de redação de um dos jornais de maior circulação do Rio de Janeiro lembra hoje que, quando começou a trabalhar em jornal, em 1968, "jornalista era uma profissão muito mal paga. As pessoas tinham vários empregos, e quase sempre um emprego público. O jornal era mais um 'bico', uma coisa meio boêmia, uma profissão intelectual. O jornalista também não achava que tinha que ganhar muito no jornal, porque ali era o lugar onde ele servia à sociedade e se divertia."

O jornalismo-cidadão

A redemocratização no Brasil se deu paralelamente ao choque da desagregação dos regimes comunistas, ao desprestígio da ideologia marxista e ao fim das utopias de construção de um mundo socialista mais justo e mais igual. As velhas formas de engajamento foram substituídas por uma atuação política sem motivações revolucionárias, ou mesmo, muitas vezes, por uma atitude apolítica.

Hoje, quando o país vive a plena liberdade de imprensa, há um desinteresse crescente pelos temas políticos. Alguns jornalistas declaram que os leitores, ouvintes ou telespectadores têm um interesse cada vez mais utilitário no noticiário e buscam de preferência informações que podem lhes trazer algum ganho direto e imediato. O leitor teria cada vez menos tempo para se dedicar à leitura dos jornais e estaria se tornando cada vez mais seletivo e pragmático. Por outro lado, o número de assuntos que despertam o interesse do público cresce sempre mais.

Chegamos ao novo milênio com uma nova concepção de participação política e novas formas de mobilização social. Os movimentos de defesa dos excluídos, por exemplo, estariam engajando tanto grupos de esquerda quanto de direita. Mas isso estaria acontecendo porque esses movimentos não teriam um projeto de longo alcance para alterar as condições estruturais da sociedade, para resolver os problemas que impedem o acesso de uma parcela da população ao emprego, à terra, à educação, a salários dignos e ao gozo de todos aos direitos assegurados na Constituição.

Entre os profissionais da imprensa, especialmente da imprensa escrita, começa a prevalecer o conceito de "utilidade social" da mídia, ou seja, de que a atividade jornalística deve servir aos interesses concretos dos cidadãos e responder às preocupações dos leitores ou da audiência — o "jornalismo-cidadão". Nos Estados Unidos, a mesma idéia apareceu no início dos anos 90, com o conceito de "jornalismo público" (*public journalism*). Esse tipo de jornalismo atribui aos profissionais da mídia a tarefa de ajudar os leitores, ouvintes ou telespectadores a enfrentar as dificuldades da vida quotidiana, dar respostas às expectativas da população em relação à sua região, à sua cidade ou ao seu bairro, através do estímulo à cultura cívica.

A expansão dos meios de comunicação levou até o homem comum, através da televisão, todos os acontecimentos, inovações e mudanças que ocorrem no país e no mundo. Isso lhe permitiu também ter plena noção de seus direitos. Os empresários da mídia perceberam que esse é o caminho para conquistar a audiência da televisão e do rádio ou o leitor de jornal. Uma das conseqüências imediatas é a preocupação em denunciar o não-atendimento das necessidades básicas dos cidadãos, como as más condições dos hospitais, o problema das vagas nas escolas públicas, o desrespeito ao consumidor e a falta de controle de qualidade dos produtos, ou as violências praticadas pela polícia.

Isso fica ainda mais claro quando a mídia mostra as indignidades da classe política, seus compromissos com o mundo econômico, os mecanismos de financiamento eleitoral, ou quando levanta o véu que encobre os métodos ilegais utilizados pelos dirigentes das grandes empresas para obter êxito no mercado. Nesses casos, a mídia estaria assegurando a transparência das instituições, estaria desempenhando a função de um contrapoder. Ao se aproximar da vida quotidiana dos cidadãos, de suas dificuldades, e tentar ajudá-los, a imprensa estaria consolidando o tecido democrático. Mas também é verdade que as denúncias e os escândalos fazem aumentar a venda de jornais e subir a audiência da televisão e do rádio. O jornalismo-cidadão não é, portanto, avesso ao lucro.

No Brasil, desde a promulgação da Constituição de 1988, a imprensa passou a divulgar uma interminável lista de denúncias envolvendo políticos, empresários, policiais, militares e outros em negócios considerados ilícitos e que merecem o exame da Justiça e da polícia. Algumas dessas denúncias levaram à renúncia de ministros, à perda de cargos de altos funcionários da administração pública, à cassação de deputados e senadores e mesmo ao *impeachment* de um presidente da República.

A imprensa esteve no centro de todos esses processos, seja participando da investigação como coadjuvante na busca de dados e informações para desvendar os negócios ou ações ilícitas, seja como mera repetidora do que lhe foi transmitido através do vazamento de informações. Com essa forma de atuação, ela tem dado maior visibilidade aos processos de tomada de decisão e de condução de políticas públicas, o que pode resultar em uma ampliação da cidadania e, ao mesmo tempo, induzir à maior responsabilidade na prestação de contas dos homens públicos. Essa prática jornalística teria, para alguns estudiosos do tema, um papel positivo na democracia, já que tenderia a mostrar comportamentos obscuros e solidariedades duvidosas e perigosas entre elites políticas, poder econômico e *lobbies* diversos. Para outros analistas, ao contrário, esse tipo de jornalismo oferece um espetáculo perigoso e perverso, que pode causar danos à confiança da população em suas elites, suas classes políticas e suas instituições.

O jornalismo investigativo e o denuncismo

O caso Watergate (1972-1974) foi sem dúvida um marco para o jornalismo contemporâneo e se tornou, para os profissionais brasileiros, o grande modelo do chamado jornalismo investigativo. É verdade que mesmo antes de Watergate todo trabalho jornalístico sempre implicou alguma pesquisa, mas a atuação de Bob Woodward e Carl Bernstein, os jornalistas do *Washington Post* que levaram à renúncia o presidente dos Estados Unidos Richard Nixon, provocou a valorização e a difusão da investigação como método de trabalho. O próprio fato de se ter cunhado uma expressão acrescentando à palavra jornalismo um termo que designa a forma de trabalhar do repórter é significativo. Antes, as distinções eram feitas entre o jornalismo político, econômico, esportivo, científico etc., ou o jornalismo do rádio, da televisão, da imprensa escrita — ou seja, diziam respeito ao assunto ou ao meio de comunicação. Aqui, o que está em questão é o método.

O jornalismo investigativo, em princípio, está mais presente na imprensa escrita do que na televisão, em função das características dos dois veículos. A apresentação de um "caso", com todos os personagens envolvidos, todos os detalhes necessários à sua compreensão, em geral não pode ser feita nos poucos segundos do noticiário televisivo. Ainda assim, essa modalidade de trabalho vem penetrando cada vez mais na TV. Com freqüência os repórteres fazem o papel de investigadores, utilizando microcâmeras e pondo em risco a própria vida.

A partir de Watergate, numerosas tentativas de estabelecer uma definição para a prática do jornalismo investigativo foram feitas pelos estudiosos da mídia. Muitos autores consideram que só pode ser designado como um investigador o repórter que obtém por seu próprio trabalho e iniciativa informações sobre instituições ou pessoas que estão empenhadas em esconder do público suas formas de atuar. O repórter que simplesmente transmite os resultados da pesquisa feita por outros, que não conseguiu ele mesmo chegar aos segredos bem guardados, não pode se considerar um repórter investigativo. Nessa visão, desvendar o segredo é a chave para a identificação do investigador. Valoriza-se o esforço feito para juntar as peças que produzirão a revelação, por oposição à atitude passiva do repórter que chega à notícia através do vazamento de informações.

Outra corrente considera que o levantamento e a análise de um grande número de informações obtidas junto a fontes públicas também podem ser qualificados como jornalismo investigativo, quando a revelação para o público de um grande segredo é o resultado dos esforços e iniciativas dos repórteres, mesmo que eles não tenham conduzido o trabalho original, e sim recebido a informação de outros. De toda forma, foram eles que estabeleceram as relações entre os fatos e os personagens envolvidos, e que foram capazes de obter das fontes os dados necessários para juntar e analisar as peças.

Outra linha de análise identifica ainda o jornalismo investigativo tanto por suas conseqüências quanto por seus métodos: o importante, desse ponto de vista, é a divulgação para o público de informações sobre abusos do poder.

Sílvio Waisbord, em seu estudo sobre o tema, mostra que o significado de jornalismo investigativo varia de acordo com a tradição da imprensa e com as condições em que o jornalismo é praticado. As definições correntes do jornalismo investigativo refletiriam, na verdade, a experiência e as práticas próprias dos Estados Unidos. Observa-se, tanto na América Latina quanto na Europa e nos Estados Unidos, uma valorização do jornalismo investigativo voltado para as denúncias de falcatruas e de corrupção.

De acordo com Waisbord, a dependência dos repórteres de informações confidenciais e de documentos passados em segredo por fontes oficiais leva a um outro fenômeno, o do "denuncismo". O termo se refere à facilidade com que se podem fazer denúncias sem evidências suficientes, a partir de informações passadas por uma ou duas fontes. O denuncismo seria uma deformação do jornalismo investigativo, caracterizada pela pouca investigação independente e pelo "cultivo" de fontes de informação. Nesse tipo de jornalismo predomina o sensacional, a narração de uma história dramatizada, onde a denúncia não é fundamentada, e o registro dos fatos não é feito com isenção. Estamos próximos do que nos Estados Unidos é chamado de "jornalismo dinamite": o repórter publica basicamente aquilo que faz muito barulho. Esse tipo de jornalismo incentivou o aparecimento de uma nova categoria de jornalistas, que se projetou profissionalmente pela divulgação de grandes escândalos. Muitos lançaram livros com relatos dos casos que cobriram, e em geral obtiveram grande sucesso.

Um estudo de Dominique Marchetti apresenta esse tipo de jornalismo como o produto e o sinal de uma concorrência tanto comercial como profissional — as duas dimensões estão ligadas. Para entendermos a importância que o jornalismo de denúncia adquiriu no campo político, devemos relacioná-lo às mudanças que afetaram esse mesmo campo. Houve um aumento do custo das atividades políticas, um desenvolvimento de novas técnicas (sondagens, *marketing*, comunicação) e uma transformação estrutural da ação pública. A luta política adquiriu formas midiáticas, e os políticos passaram a utilizar a "moralidade" como arma para qualificar ou desqualificar os adversários. Essas formas de ação encontraram grande ressonância junto ao eleitorado e ao público leitor.

Deve-se ressaltar que a influência da imprensa, do rádio e da televisão é filtrada por grupos de pertencimento ou líderes de opinião que atuam em vários níveis. Um dos impactos da mediação da vida política é que ela transforma sua ação em algo espetacular para despertar a atenção. Hoje o público a ser atingido é mais amplo e bem mais heterogêneo. Os políticos estão preocupados com ganhos de popularidade; a mediação da vida política introduziu alterações inclusive no discurso político: até a década de 1960, o modelo clássico de discurso era o da teatralização e dos longos monólogos, durante os quais o orador mostrava sua capacidade de tribuno. Agora o discurso está adaptado à mídia, principalmente à televisão, e é mais curto e leve, e mais próximo da conversa do que do monólogo.

A imprensa hoje recebe um elevado número de documentos e informações sobre diferentes assuntos ligados à política, a negócios empresariais e à atuação de personagens de grande visibilidade pública. Nesse processo, ela acaba desempenhando o papel de "caixa de correio": recebe documentos e informações ao lado de sugestões e de pistas a serem seguidas na pesquisa. Muitas vezes as informações são preparadas dentro de gabinetes ministeriais ou parlamentares e por integrantes de comissões governamentais. O que se observa nesses casos é a pouca autonomia da imprensa em relação a outros universos sociais.

A importância que assumiu o jornalismo investigativo, e em especial o denuncismo, na fase de redemocratização do país, pode estar relacionada à desilusão política que viveu a geração de jornalistas que iniciou sua vida profissional durante o regime militar. Essa geração, nascida no pós-guerra, tinha envolvimento com organizações políticas e escolheu a profissão como uma forma de intervenção social e participação política. Um número significativo dos jornalistas ouvidos em nossa pesquisa, 43% dos nossos entrevistados, foi filiado a partidos ou movimentos de esquerda. Desse grupo, 61% declararam sua filiação ao PCB durante os anos 60 e 70. Os outros 39% se distribuem entre os vários movimentos de esquerda que atuaram no final dos anos 60 e atraíram um grande número de jovens universitários com propostas de mudanças sociais através da luta armada.

A escolha da profissão de jornalista foi, para muitos, uma forma de exercer um engajamento político, de divulgar uma ideologia e de atuar politicamente. Esses jornalistas se mobilizavam em torno da luta pela garantia das liberdades democráticas, pelos direitos dos cidadãos, contra a ditadura, em defesa da classe operária e dos oprimidos. Em suma, participavam de ações em prol de uma sociedade mais justa e igual, defendendo a implantação de um regime democrático ou socialista.

Ao colaborar para a derrubada do regime autoritário, a imprensa ganhou credibilidade e legitimidade junto ao público leitor. Para continuar a usufruir dessa posição, passou a ter uma ação no sentido de desvendar as mentiras e mostrar os problemas da democracia. Mas o poder político também está interessado na divulgação dos segredos que encobrem a corrupção, na medida em que existe o "vazamento" desse tipo de informação para a imprensa. Esse é o outro aspecto da questão: a relação entre a imprensa e o poder, uma relação de muita cumplicidade, proximidade e fascínio. A imprensa é vista pelo poder político e econômico como um instrumento, um meio de transmitir determinadas informações que podem destruir um adversário político, um concorrente comercial. A informação é passada para o jornalista porque alguém está interessado em divulgá-la. Logo, todo vazamento de informação tem um lado de manipulação.

São os órgãos da imprensa escrita, em especial as revistas semanais, que mais se destacam nesse tipo de jornalismo investigativo ou denuncista. Na disputa pelo leitor, as revistas precisam lançar a cada semana um novo escândalo envolvendo personalidades da vida pública, seja da política, seja do meio artístico, empresarial e/ou esportivo, com revelações sobre questões que na maioria das vezes envolvem a Justiça e a polícia.

A maior participação da imprensa escrita nessa nova especialidade jornalística é uma demonstração das transformações que ocorreram na mídia nas últimas décadas. De um lado, a concorrência da televisão e o surgimento de inúmeras revistas na competição pela publicidade obrigaram a imprensa escrita a buscar se diferenciar da TV através de um trabalho investigativo e de grandes revelações de corrupção — e a revista semanal dispõe de mais tempo para pesquisar do que os jornais e a televisão. De outro lado as revistas semanais de política se transformaram em grandes empresas, com altos custos de produção, provocados pela introdução de novas máquinas e da informática, o que as obrigou a buscar ampliar o público leitor e a publicidade, única forma de vencer a competição.

A internet: um novo desafio

A entrada em cena da internet na década de 1990 trouxe novas previsões: estaríamos diante do nascimento de uma nova sociedade, a da informação, ou a da comunicação global mediada pelo computador. A especificidade dessa nova sociedade seria o domínio da técnica.

A internet transformou-se assim no mais recente símbolo da modernidade. Ela reúne elementos de todas as mídias existentes — texto escrito, som, imagem em movimento — de forma mais ágil que as mídias originais. Além disso, o custo dessa mídia *on-line* é muito mais baixo do que o do rádio, da televisão ou dos jornais e revistas. Não há necessidade de grande espaço físico para a instalação do equipamento, que é constituído basicamente de um provedor e computadores.

No Brasil, o ano de 1995 foi o da implantação da internet. O *Jornal do Brasil*, no ano seguinte, foi o primeiro a oferecer uma versão eletrônica de suas notícias. Atualmente todos os jornais diários têm *sites* com uma grande riqueza de multimídias. Eles buscaram se consolidar nesse novo mercado e ampliar o número de leitores para os seus veículos impressos. A razão dessa busca está na credibilidade e na qualidade que os jornais tradicionais oferecem ao consumidor *on-line*, ao contrário dos *sites* alternativos ou independentes. Além disso, o jornal, através do seu *site*, se aproxima mais do público e ganha maior visibilidade.

A privatização das telecomunicações no Brasil facilitou a produção e a distribuição da notícia em rede, e as próprias empresas de telefonia passaram a operar no setor através de parcerias.

Quanto aos jornalistas, estão se adaptando às demandas da nova tecnologia. Têm que produzir informação para um novo suporte material, a tela de computador, com possibilidades de comunicação multiinterativa. Ainda hoje causa bastante polêmica a discussão sobre a linguagem a ser adotada pelo noticiário *on-line*. Os jornalistas dedicados a essa tarefa saíram recentemente das redações dos jornais tradicionais e ainda têm como modelo o formato texto. Mas já há uma preocupação em buscar uma linguagem própria para o novo veículo.

O jornalismo *on-line* disponibiliza a notícia em "tempo real". A periodicidade da informação pode ser a cada minuto, hora, dia, semana, mês. Cabe ao internauta fazer a opção. Ele também pode escolher as notícias que lhe interessam, bastando se cadastrar e escolher os temas. Um *site* permite a existência de veículos dirigidos a públicos cada vez mais segmentados.

O grande problema do jornalismo *on-line* é que ainda é muito baixo o número de computadores com acesso à internet: apenas 6%, da população brasileira, aproximadamente, estão conectados à rede, de acordo com dados do IBGE.

Existem hoje centenas de *sites* e portais independentes dos grupos tradicionais de mídia. Os *sites* institucionais (do Senado Federal, da Câmara dos Deputados, dos tribunais, dos ministérios, dos mais diversos órgãos governamentais) disponibilizam informações com rapidez e eficiência, elaboradas por jornalistas profissionais.

Ainda não é possível antecipar as conseqüências da internet na vida do cidadão e as transformações que acarretará nas formas tradicionais de mídia. O que é certo é que uma nova etapa acaba de começar.

Cronologia

1947   Organizado o primeiro curso de jornalismo no Rio de Janeiro.

1948   Criado o curso de jornalismo em São Paulo pelo empresário Cásper Líbero.

1949

27 dez   Fundada a *Tribuna da Imprensa*, jornal carioca pertencente a Carlos Lacerda, que se notabilizaria pela ferrenha oposição a Getúlio Vargas.

1950

set   Inaugurada a TV Tupi de São Paulo, de propriedade de Assis Chateaubriand, primeira emissora de televisão do Brasil e da América Latina.

1951

12 jun   Fundada a *Última Hora*, jornal carioca criado por Samuel Wainer para dar apoio ao governo Vargas.

1956   Início da reforma do *Jornal do Brasil*, em atividade desde 1891.

1964

31 mar   Movimento político-militar derruba o governo constitucional de João Goulart. Instala-se o regime militar e tem início a censura aos meios de comunicação.

1965

16 set   Criada a Embratel.

31 dez Encerradas as atividades do *Diário Carioca*. Inaugurada a TV Globo.

1967

9 fev Promulgada a Lei de Imprensa (nº 5.250), que impõe severas limitações à liberdade de informação.

1968

11 set Lançada *Veja*, revista semanal de informação, em São Paulo.

13 dez Promulgado o Ato Institucional nº 5, que confere ao presidente da República o poder de impor a censura prévia aos meios de comunicação.

1969

20 mar Promulgada a Lei nº 510, nova versão da Lei de Segurança Nacional que atinge a liberdade de imprensa.

Regulamentada em outubro a profissão de jornalista pelo Decreto-Lei nº 972.

1970 Promulgado o Decreto-Lei nº 1.077, que estabelece a censura prévia às publicações obscenas.

1974 Posse do general Ernesto Geisel na presidência da República e início do processo de abertura política.

abr Encerradas as atividades de *O Jornal*.

8 jul Encerradas as atividades do *Correio da Manhã*.

1975

4 jan Retirada da censura prévia ao *Estado de S. Paulo*, na data do centenário do jornal.

26 out Anunciada a morte por suicídio do jornalista Wladimir Herzog em dependências do Exército em São

Paulo. A versão oficial é contestada, há protestos contra a tortura e começa a haver maior liberdade de imprensa.

1976 Encerradas as atividades do *Diário de Notícias*.

1978
31 dez Revogado, por força da Emenda Constitucional nº 11, o Ato Institucional nº 5.

1979 Posse do presidente João Batista Figueiredo.

1984 Campanha das Diretas Já na escolha do sucessor do presidente Figueiredo. O jornal *Folha de S. Paulo* tem papel importante na divulgação do movimento.

1985 Eleição indireta e morte de Tancredo Neves. Posse do vice-presidente José Sarney na presidência da República, o primeiro presidente civil em 20 anos.

1988
5 out Promulgação da nova Constituição. Restauração das garantias de livre expressão e liberdade de imprensa.

1989 Eleição direta de Fernando Collor de Mello para a presidência da República, com forte atuação da mídia.

1992 A imprensa, principalmente as revistas *Veja* e *IstoÉ*, publica denúncias contra o presidente Collor, que sofre processo de *impeachment* e é afastado do cargo.

1995 Implantação da internet no Brasil.

1996 Lançado o jornal *on-line* do *Jornal do Brasil*, o primeiro do país.

Referências e fontes

Este livro é baseado na pesquisa que venho realizando sobre as transformações ocorridas na imprensa nas últimas décadas. Foram feitas 55 entrevistas com jornalistas que participaram desse processo.

• Sobre as mudanças ocorridas na imprensa durante os anos 50 e 60, ver Juarez Bahia, *Jornal, história e técnica. História da imprensa brasileira* (São Paulo, Ática, 1990).

• Para o conhecimento da história dos principais jornais brasileiros e da biografia dos jornalistas de maior destaque de 1930 até os dias de hoje, ver *Dicionário histórico-biográfico brasileiro pós-30*, que organizei juntamente com Israel Beloch, Fernando Lattman-Weltman e Sérgio Lamarão (Rio de Janeiro, FGV, 2001, 5 vols.).

• Sobre a criação e o desenvolvimento do jornal *Última Hora*, ver o livro *Minha razão de viver. Memórias de um repórter*, de Samuel Wainer (Rio de Janeiro, Record, 9ª ed., 1988), que não só retrata a história do jornal, como fornece a visão de todo o período.

• *A imprensa em transição*, que escrevi com Marieta de Moraes Ferreira, Plínio de Abreu Ramos e Fernando

Lattman-Weltman (Rio de Janeiro, FGV, 1996), apresenta as mudanças ocorridas nos anos 50.

- Em meu artigo "Jornalistas: de românticos a profissionais" (*Antropolítica* n.5, Niterói, 2º sem. 1998) trato da mudança do perfil dos jornalistas ocorrida nos anos 70.

- Pierre Bourdieu, em *Sobre a televisão* (Rio de Janeiro, Jorge Zahar, 1997), discute as principais questões que envolvem a mídia na atualidade.

- Maria Paula Nascimento Araújo, em *A utopia fragmentada. As novas esquerdas no Brasil e no mundo na década de 1970* (Rio de Janeiro, FGV, 2000), trata da imprensa alternativa. Bernardo Kucinski, em *Jornalistas e revolucionários: nos tempos da imprensa alternativa* (São Paulo, Scritta, 1991), aborda o mesmo tema.

- Juntamente com Fernando Lattman-Weltman, em "Momento de decisão: os anos 1970 e a mídia no Rio de Janeiro" (in *Um estado em questão: os 25 anos do Rio de Janeiro*. Américo Freire, Carlos Eduardo Sarmento e Marly Motta (orgs.), Rio de Janeiro, FGV, 2001), aponto as principais características da mídia no momento da redemocratização.

- Sobre o jornalismo investigativo foram consultados basicamente o livro de Sílvio Waisbord, *Watchdog Journalism in South America. News, Accountability and Democracy* (Nova York, Columbia UP, 2000) e o artigo de Dominique Marchetti, "La révélation du journalisme d'investigation" (*Actes de la Recherches en Sciences Sociales* n.131-132, mar 2000).

Sugestões de leitura

ABRAMO, Cláudio. *A regra do jogo* (São Paulo, Companhia das Letras, 1988). O livro relata a experiência de um dos melhores jornalistas brasileiros, que influenciou uma geração de colegas de profissão. Fonte de informação para se conhecer como se faz um jornal e sobre a atitude ética que deve se esperar do jornalista.

ADGHIRNI, Zélia Leal. "Jornalismo on-line e identidade profissional do jornalista", *in* Luiz Gonzaga Motta (org.). *Imprensa e poder* (Brasília, UnB, 2002). O texto analisa as novas tecnologias e as suas conseqüências para o exercício da profissão de jornalista.

BARBOSA, Marialva (org.). *Estudos de jornalismo* (Campo Grande, Intercom, 2001). Coletânea de artigos abrangendo a história do jornalismo brasileiro e reflexões sobre o modo de construir as notícias.

CONTI, Mário Sérgio. *Notícias do Planalto. A imprensa e Fernando Collor* (São Paulo, Companhia das Letras, 1999). O autor desvenda os bastidores da mídia brasileira usando a eleição e o *impeachment* do presidente Fernando Collor como fio condutor para mostrar de que modo as relações pessoais e o interesse econômico das empresas de comunicação interferem na cobertura política das notícias.

DINES, Alberto. *O papel do jornal. Uma releitura.* (São Paulo, Summus, 6ª ed., 1986). O livro apresenta os principais dilemas e questões da imprensa na atualidade.

_____, Carlos Vogt, José Marques de Melo (orgs.). *A imprensa em questão* (Campinas, Unicamp, 1997). Coletânea de artigos em que a imprensa é vista de diferentes lugares: filosófico, epistemológico, político, social e profissional.

LATTMAN-WELTMAN, Fernando et alii. *A imprensa faz e desfaz um presidente.* (Rio de janeiro, Nova Fronteira, 1994). Uma análise do comportamento da imprensa durante a campanha presidencial de 1989 e a sua atuação no *impeachment* do presidente Fernando Collor.

LINS E SILVA, Carlos Eduardo. *O adiantado da hora. A influência americana sobre o jornalismo brasileiro* (São Paulo, Summus, 1991). Texto que apresenta as transformações da imprensa brasileira sob a influência do jornalismo norte-americano.

LUSTOSA, Elcias. *O texto da notícia* (Brasília, UnB, 1996). O livro é destinado aos cursos de jornalismo e procura orientar os leitores sobre a forma como se constrói a notícia, a linguagem dos veículos de comunicação, a organização das redações e a apresentação das notícias.

MEDINA, Cremilda. *Profissão jornalista: responsabilidade social* (Rio de Janeiro, Forense Universitária, 1982). Uma reflexão sobre a profissão de jornalista feita por uma professora de jornalismo.

SMITH, Anne-Marie. *Um acordo forçado. O consentimento da imprensa à censura no Brasil* (Rio de janeiro, FGV, 2000). O livro apresenta o resultado de uma pesquisa sobre a censura durante o regime militar, mostrando como reagiram os jornalistas e os empresários da mídia.

Sobre a autora

Alzira Alves de Abreu é doutora em sociologia pela Universidade Paris V — Sorbonne e pesquisadora do Centro de Pesquisa e Documentação de História Contemporânea do Brasil da Fundação Getulio Vargas (CPDOC/FGV). Professora aposentada de sociologia do Instituto de Filosofia e Ciências Sociais da Universidade Federal do Rio de Janeiro (IFCS/UFRJ), é editora-executiva da Editora FGV desde 1994.

Tem vários estudos sobre memória, biografias e história. Dedicou-se à pesquisa sobre a formação e perfil dos jovens que atuaram na luta armada no Brasil no final dos anos 60, a partir da qual publicou, entre outros, o livro *Intelectuais e guerreiros. O Colégio de Aplicação da UFRJ de 1948 a 1968* (Rio de Janeiro, UFRJ, 1992). Organizou o livro *Imprensa em transição: o jornalismo brasileiro nos anos 50* (FGV, 1996) e foi coordenadora geral do *Dicionário histórico-biográfico brasileiro pós-30* (FGV, 2001, 5 vols.).

Coordena ainda o projeto "Brasil em transição: um balanço do final do século XX", apoiado pelo Pronex (1998-2002), dentro do qual desenvolve pesquisa sobre a imprensa e jornalistas, que resultou neste livro.